# Inhalt

**Ethik im Management**

Kernthesen

Beitrag

Fallbeispiele

Weiterführende Literatur

Impressum

# Ethik im Management

*I.Zeilhofer-Ficker*

## Kernthesen

- Die jüngsten Bilanzvorfälle, die Selbstbedienungsmentalität einzelner Manager und die wachsende Wirtschaftskriminalität haben eine lebhafte Diskussion über Ethik im Management angestoßen.
- Corporate Governance Richtlinien sollen die börsennotierten Unternehmen zu mehr Transparenz und Regeltreue hinführen.
- Politik und Öffentlichkeit erwarten generell von den Unternehmern mehr soziale Verantwortung.
- Wertebalancierte Unternehmensführung könnte ein Instrument sein, Stakeholder-Value und Shareholder-Value unter einen Hut zu bringen und damit langfristig den

Wert eines Unternehmens zu steigern.

# Beitrag

## Verantwortung von Managern

Enron, Worldcom, Merck und Halliburton in USA, Em.TV und KPMG in Deutschland - die öffentlichen Diskussionen über kreative Bilanzen und Selbstbedienung von Unternehmensleitungen zu Lasten der Aktionäre, Gläubiger und Mitarbeiter reißen nicht ab und ließen sich fortsetzen. (1) Aber auch im tagtäglichen Umgang mit Kunden, Kollegen, Mitarbeitern und Geschäftspartnern ist ein Verfall der Sitten offensichtlich, es scheint manchmal nur noch darum zu gehen, möglichst schnell möglichst viel Geld zu verdienen. (2)

Mehr als 1,1 Millionen Fälle von Wirtschaftskriminalität wurden im letzten Jahr beim Bundeskriminalamt erfasst. 73 Prozent der von PricewaterhouseCoopers befragten Großunternehmen gaben an, in den vergangenen zwei Jahren Opfer von wirtschaftskriminellen Handlungen geworden zu sein. Das Wirtschaftsministerium beziffert den Gesamtschaden für die deutsche Wirtschaft auf ca. 20 Milliarden Euro pro Jahr. (3)

Die Korruption ist auf dem Vormarsch, eine Spendenaffäre jagt die andere. 2,5 bis 3 Milliarden Euro sollen allein von deutschen Unternehmen jährlich für Bestechung ausgegeben werden. Der deutschen Volkswirtschaft wird dadurch jedes Jahr ein Schaden von 10 Milliarden Euro zugefügt. (4)

Sind also alle Manager Gauner? Nein, sicher handelt es sich dabei nur um einzelne "schwarze Schafe", der Großteil der Manager ist selbstverständlich auf korrekte Unternehmensführung bedacht. Trotzdem ist ein generelles Umdenken auf verantwortliches und nachhaltiges Entscheiden und Handeln notwendig. Die Ausrichtung ausschließlich auf Steigerung des Shareholder-Values hat sich jüngst als Irrweg erwiesen. Die Entwicklung einer langfristigen Firmenmission und -vision ist in jedem Unternehmen dringend notwendig.

## Sind Wirtschaft und Ethik inkompatibel?

Vor ca. 100 Jahren wurde der Begriff der "ehrbaren Kaufleute" geprägt. Geschäfte wurden per Handschlag getätigt, korrekte Buchführung auf den

Pfennig genau war selbstverständlich, Betrügereien verächtlich. Trotzdem waren die meist als Familienunternehmen geführten Betriebe profitabel. Es galt ein hoher Wertekodex, Firmeninhaber fühlten sich ihren Mitarbeitern und deren Familien gegenüber verpflichtet, als hochangesehene Mitglieder der Gemeinde war es selbstverständlich, soziale Projekte finanziell, aber auch mit tatkräftigem persönlichen Einsatz zu unterstützen.

Auch heute haben von Eigentümern geführte Unternehmen die wenigsten Probleme, ihre Firmen durch die anhaltenden Turbulenzen auf dem Wirtschaftsmarkt zu leiten. Gerade in den Klein- und Mittelbetrieben wird auf die Belange der Mitarbeiter Rücksicht genommen, wird auf Partnerschaft mit verlässlichen Lieferanten und Kunden großer Wert gelegt. (7) Wirtschaft und Ethik sind also nicht inkompatibel. Im Gegenteil, es drängt sich der Schluss auf, dass es sich langfristig auszahlt, wenn nicht das kurzfristige Profitstreben und künstlich in die Höhe getriebene Aktienkurse bestimmend sind für Management-Entscheidungen, sondern das überlegte, auf langfristigen Erfolg und die Interessen aller Stakeholder ausgerichtete, werteorientierte Führungsprinzip.

# An welche Werte halten?

An welchen Werten sollen sich Führungskräfte heute orientieren? Als kleinster gemeinsamer Nenner werden oft die zehn Gebote, die in der Bibel beschriebene christliche Ethik genannt. (5) Achtung vor der Menschenwürde, Ehrlichkeit, Fairness, Selbstdisziplin, Gerechtigkeitssinn, Ritterlichkeit, Maßhaltigkeit, Loyalität, Verlässlichkeit, Gemeinsinn, sittliche Normen, all das sind reale, wenn auch immaterielle Güter, die zum Unternehmenserfolg beitragen. (6) Als weitere unabdingbare Voraussetzungen für erfolgreiches, ethisches Management werden immer wieder Vertrauen und Respekt genannt. In der unübersichtlichen Wirtschaftswelt von heute sind diese Werte zu Gütern geworden, in die ein Unternehmer investieren muss. (8)

# Was bringt innerbetriebliche Ethik?

Ethisches, wertebasiertes Management ist in erster Linie am langfristigen Erfolg des Unternehmens ausgerichtet. Man wird Management-Entscheidungen deshalb auf die langfristigen

Auswirkungen auf das Unternehmen hin überprüfen. Dadurch ist eine langfristige Steigerung des Unternehmenswerts zu erwarten, Arbeitsplätze werden langfristig gesichert, möglicherweise neue Arbeitsplätze geschaffen. Durch den Respekt und das Vertrauen in die Mitarbeiter wird die Motivation gesteigert, ein "Wir-Gefühl" wird erzeugt, das die Arbeitnehmer zu mehr Produktivität und Leistungsbereitschaft führt. Kombiniert mit dem Respekt vor Lieferanten und Kunden und dem Streben nach wirtschaftlichen Erfolg sind die oben genannten Punkte eine solide Basis auch für den finanziellen, langfristigen Erfolg eines Unternehmens. (6), (9)

## Corporate Governance - die Lösung?

## Was ist Corporate Governance?

Nach den vergangenen Börsenskandalen sah sich der Gesetzgeber zum Handeln in Bezug auf Anlegerschutz aufgerufen. Das Ergebnis sind die von der Regierung verabschiedeten Corporate-Governance-Richtlinien. Zuständigkeiten, Aufgaben und Pflichten von Vorständen und Aufsichtsratsmitgliedern sind darin ebenso geregelt wie der Umgang mit Interessenkonflikten und Eigengeschäften. Neben der erhöhten Unternehmens-Transparenz soll dieser Kodex bewirken, dass die Unternehmensführung die Anlegerinteressen schützt und im Entscheidungsprozess berücksichtigt. (10), (12)

## Wozu Corporate Governance?

Laut einer McKinsey Studie vom Juli 2002 halten bereits die Hälfte aller Investoren in den USA die Corporate Governance einer Firma für genauso wichtig wie die Finanzzahlen. In Westeuropa sind 41 Prozent der Anleger dieser Meinung, in Lateinamerika sogar 66 %. 78 % der westeuropäischen Anleger sind bereit für gute Unternehmensführung einen Aufpreis auf den Aktienpreis von ca. 12 bis 14 % zu akzeptieren. (11)

Obwohl diese Zahlen für sich sprechen ist der Corporate-Governance-Kodex nicht unumstritten. Vor allem gegen die Offenlegung der Management-Bezüge sperren sich noch viele Firmen. Außerdem ist es etwas verwirrend, dass die deutschen Richtlinien von denen der Nasdaq, der Nasdaq Europe und des

Neuen Marktes abweichen und man die einzelnen Vorschriften erst miteinander vergleichen muss, um sie entsprechend würdigen zu können. (13)

## Prüfung und Beratung durch die gleiche Firma?

In Deutschland wird das Thema Prüfung und Beratung durch die gleiche Firma noch heftig diskutiert. Das deutsche Institut der Wirtschaftsprüfer ist absolut gegen ein Verbot von gleichzeitiger Beratung und Prüfung durch die gleiche Wirtschaftsprüfungs-Gesellschaft, weil es die bestehenden Kontrollmechanismen für ausreichend hält. Eine wesentliche Rolle spielt hier der Aufsichtsrat, der die Unabhängigkeit der Prüfungsgesellschaft kontrollieren muss. (15) Der französische Corporate Governance Kodex dagegen lehnt das gleichzeitige Ausüben von Prüfungs- und Beratungsmandaten strikt ab. (14)

Corporate Governance ist sicher ein erster Schritt. Das deutsche duale System von Vorstand und Aufsichtsrat bietet zwar mehr Sicherheit für den Anleger als beispielsweise das amerikanische Board-Modell, die Anleger erhalten aber durch Corporate Governance mehr Transparenz darüber, wie in einem

Unternehmen Entscheidungen getroffen werden. Eine Garantie für korrekte Unternehmensführung stellt sie aber nicht dar.

## Kontrolle von Familienunternehmen

Da der traditionelle Familienunternehmer mehr Risiko trägt als beispielsweise der Manager einer AG, wird der langfristigen Perspektive der Wertevermehrung hier sicher eine größere Priorität eingeräumt. (7) Trotzdem ist es oft vernünftig, auch für Familienunternehmen eine Kontrollinstanz einzusetzen. Durch die Beaufsichtigung der Unternehmensführung durch unabhängige Experten in einem Beirat, wird die Corporate Governance von Familienunternehmen wesentlich verbessert. Ein wirkungsvoller Beirat kann häufig durch den ungetrübten Blick von außen Fehlentscheidungen verhindern. (18)

## Corporate Social Responsibility

Ein weiterer aus dem angelsächsischen Raum kommender Trend ist der Ruf nach mehr "Corporate Social Responsibility" (CSR). Die Forderung von

Politik und Gesellschaft, Wirtschaftsunternehmen sollten mehr soziale Verantwortung übernehmen, ist sicher berechtigt. Man darf aber nicht vergessen, dass sich die Mehrzahl aller Firmen auch in Europa schon immer gemeinnützig in ihrem Umfeld engagiert und eingesetzt haben. Sei es das Sponsoring des örtlichen Sportvereins, Spenden für Spielplätze sowie Kindergärten oder die Unterstützung von Schulen und Erwachsenenbildungsstätten. Vieles wäre ohne das soziale Engagement von Wirtschaftsbetrieben nicht möglich gewesen. Auch für die Bewahrung, Pflege und Wiederherstellung von Kunst- und Kulturschätzen wurde und wird von vielen Firmen weltweit ein großer Beitrag geleistet. Allerdings war es bisher nicht Sitte, diese Aktivitäten in großem Stil bekannt zu machen.

Da heute Anleger und Kunden gleichermaßen am Ausmaß der sozialen Verantwortung eines Unternehmens interessiert sind, ist es notwendig, über soziale und ökologische Leistungen zu berichten. (16) Laut PricewaterhouseCoopers glauben rund 70 Prozent der Führungskräfte weltweit, dass Corporate Social Responsibility für den finanziellen Erfolg ihrer Firma eine wichtige Rolle spielt. Das Tripple-bottom-line-reporting gibt den Führungskräften ein Konzept an die Hand, mit dem nicht nur der wirtschaftliche sondern auch der ökologische und soziale Erfolg eines Unternehmens bewertet werden kann. (17)

# Wertebalancierte Unternehmensführung

Der strikt auf die Erhöhung des Shareholder-Value ausgerichteten Unternehmensführung wird keine große Zukunft mehr vorausgesagt. Das Konzept der wertebalancierten Unternehmensführung hat als Zielsetzung die Zusammenführung von materieller Wert-Orientierung und immaterieller Werte-Orientierung.

# Wie vereinbart man Wert- mit Werte-Orientierung?

Die Interessen der Firmeneigner bzw. Aktionäre müssen selbstverständlich bei der Definition des Unternehmenszwecks im Mittelpunkt stehen. Ebenso wichtig sind aber auch die Bedürfnisse von Kunden und Lieferanten, von Mitarbeitern und Management. Zunehmend spielen die Anliegen von Kommune oder Region, von Gesellschaft und Umwelt eine Rolle. In der Verbindung von vorhandenem Sachkapital mit dem intellektuellen Kapital entsteht ein Potenzial, das die Wettbewerbsvorteile von morgen liefert.

Kreativität, Lernbereitschaft, Glaubwürdigkeit, Verlässlichkeit, soziale Kompetenz und Verantwortung der Mitarbeiter und der Geschäftsleitung sind daher ebenso maßgebliche Firmenwerte wie beipielsweise Fabriken und Maschinen. Man geht davon aus, dass Beziehungen in Zukunft die wichtigsten Quellen der Wertschöpfung sein werden. (19)

Was ist wichtiger für eine fruchtbare Beziehung als Vertrauen? Gegenseitiges Vertrauen ist die Basis von dauerhaften Bindungen. Dauerhafte Bindungen sind die Basis von erfolgreichen Unternehmen, seien es Kunden- oder Lieferantenbeziehungen oder die langfristige Bindung von qualifizierten Mitarbeitern. Aber auch die langfristige Bindung von Anlegern setzt ein hohes Maß von Vertrauen voraus. Der Schaffung von Vertrauen ist also höchste Priorität einzuräumen, um langfristigen wirtschaftlichen Erfolg zu erzielen. (8)

# Managementinstrumente zur wertebalancierten Unternehmensführung

Das Instrument der **Balanced Scorecard** erweitert

den Blick auf die Finanzperspektive um die Faktoren Prozessperspektive, Lern- und Entwicklungsperspektive und Kundenperspektive. Das Modell des **Intellectual Capital Navigators** ergänzt diese Perspektiven um den "Human Focus", also um das intellektuelle Kapital eines Unternehmens. Dadurch ist es möglich, Zukunftspotenziale messbar zu machen. Auch das Business Excellence Modell verbindet weiche Faktoren über eine Punktebewertung mit den finanziellen Ergebnissen. (19)

Egal welches Bewertungsinstrument man wählt um die Ergebnisse zu messen, wichtig ist, dass mit der Integrationsarbeit von grundlegenden Werten bereits bei der Entwicklung einer Unternehmensvision und der strategischen Mission, sowie auch beim Erarbeiten von Unternehmensgrundsätzen oder Leitlinien begonnen wird. Kreative Kommunikation, stetiges Abwägen und Ausbalancieren von widersprüchlichen Zielen ist für den Prozess der wertebalancierten Führung jederzeit erforderlich. Nur so können die scheinbar widersprüchlichen Ansprüche von Shareholdern und Stakeholdern unter einen Hut gebracht werden. (19)

# Fallbeispiele

Viele Unternehmen haben die Wirtschaftsethik und unternehmerische Verantwortung bereits für sich als Thema entdeckt. So gibt die Allianz seit September ein "Corporate Responsibility Magazine" heraus, um Bewerber, Kunden und Anleger über die sozialen Engagements des Konzerns zu informieren. (22) Klaus-Dieter Trayser von der Plansecur-Unternehmensgruppe hat eine Stiftung gegründet, deren Ziel es ist, für eine humane, durch christliche Werte geprägte Unternehmensführung einzutreten und den Lehrstuhl für Wirtschafts- und Unternehmensethik der Universität Kassel zu fördern. (23)

Auch auf dem Buchmarkt gibt es einige Neuerscheinungen zum Thema. Das Taschenbuch "Mit Werten in Führung gehen - Konzepte christlicher Führungskräfte" fasst die Ergebnisse eines Kongresses über Führungskonzepte christlicher Führungskräfte zusammen. (24) Das neue Buch des Management-Gurus Reinhard Sprenger "Vertrauen führt. Worauf es im Unternehmen wirklich ankommt" ist ebenso auf der Bestseller-Liste wie Hans-Olaf Henkels "Die Ethik des Erfolges". (8)

Das Manager Magazin hat in seiner Bewertung der

Jahresreports von deutschen und europäischen Börsenunternehmen unter anderem auch die Qualität der Berichterstattung in puncto Corporate Governance unter die Lupe genommen. Leider ist das Thema in 60 % der untersuchten Geschäftsberichte noch gar nicht zu finden. (25)

## Weiterführende Literatur

(1) Zeit der Schurken Die Serie der Bilanzskandale nimmt kein Ende. Die Visionäre von gestern erweisen sich als schlichte Betrüger. Doch ihre Machenschaften, die das Mysterium der Neuen Ökonomie entzaubert haben, können nicht mehr als Fehltritt vereinzelter "schwarzer Schafe" verharmlost werden. Sie sind der faule Kern eines Systems, das manipulierte Börsenkurse nicht nur erlaubt, sondern zum Hauptanreiz für das Management macht.
aus Le Monde diplomatique, 09.08.2002, S. 7

(2) Zunehmender Verfall der Sitten im Management beklagt
aus Brauwelt, 33/2002, S. 1134

(3) Späth, Nikos, Tatort Unternehmen, Welt am Sonntag, Jg. 53, 22.09.2002, Nr. 38, S. 29
aus Brauwelt, 33/2002, S. 1134

(4) Müller, Stefan, Ursachen und Konsequenzen von Korruption, Wirtschaftswissenschaftliches Studium,

Heft 9/2002, S. 492-496
aus Brauwelt, 33/2002, S. 1134

(5) Mascher, Dietmar, Was bleibt, außer "Das tut man nicht"?, Oberösterreichische Nachrichten, 22.08.2002
aus Brauwelt, 33/2002, S. 1134

(6) Handlungsregelungen unter dem Aspekt von Ethik und Ökonomie
aus Sparkasse, September 2002, Nr. 09, S. 416

(7) Richenberger, H., "Veränderungen erfolgen heute im Galopp", Neue Züricher Zeitung, 03.08.2002, Nr. 177, S. 27
aus Neue Zürcher Zeitung, 03.08.2002, Nr. 177, S. 27

(8) Besser als Kontrolle Management-Guru Reinhard Sprenger meldet sich zurück. Seine Botschaft: Vertrauen rechnet sich
aus FTD Financial Times Deutschland vom 10.09.2002, Seite 32

(9) Corporate Governance - Eigentum mit Verantwortung
aus Sparkasse, August 2002, Nr. 08, S. 365

(10) Dax-30-Firmen behandeln Corporate Governance stiefmütterlich Untersuchung der Onlineauftritte kürt ThyssenKrupp zum Sieger " Informationen zur Vorstands- und Aufsichtsratsvergütung sind noch spärlich
aus FTD Financial Times Deutschland vom 24.09.2002,

Seite 28

(11) Anleger blicken immer öfter hinter die Zahlen Corporate Governance: Bei der Unternehmensbewertung zählen auch die "inneren Werte"
aus WirtschaftsBlatt, 06.08.2002, Nr. 1679, S. E11

(12) Demmer, Christine, Ein Eid fürs Image, Süddeutsche Zeitung, 21.09.2002, Ausgabe Deutschland, S. 15
aus WirtschaftsBlatt, 06.08.2002, Nr. 1679, S. E11

(13) Nicht jeder stimmt der Frankfurter Erklärung zu Technotrans und Pandatel verweigern die Unterschrift
aus Börsen-Zeitung, 28.09.2002, Nummer 188, Seite 3

(14) Corporate Governance "à la francaise", Neue Züricher Zeitung, 24.09.2002, Nr. 221, S. 25
aus Neue Zürcher Zeitung, 24.09.2002, Nr. 221, S. 25

(15) "Ein generelles Verbot der Beratung durch die Prüfer lehnen wir ab" Verband gegen eine Akkreditierung bei der BAFin - Maßnahmenpaket zur Herstellung des Vertrauens in geprüfte Abschlüsse angeregt
aus Börsen-Zeitung, 02.10.2002, Nummer 190, Seite 11

(16) Soziale Verantwortung Tagung in HannoverCorporate Social Responsibility - eine Strategie zur Steigerung des Unternehmenswertes

aus taz, 30.09.2002, S. 10

(17) Mit dem guten Ruf Geld verdienen Weltgipfel für nachhaltige Entwicklung in Johannisburg. Nachhaltigkeit - ein schwammiges Wort. der Uno-Weltgipfel bietet international agierenden Unternehmen die Chance, den Begriff mit Leben zu erfüllen und dadurch die Initiative auf ihre Seite zu ziehen. Konzepte gibt es bereits. die FTD stellt sie vor und berichtet, wie viele Unternehmen bereits "nachhaltig" wirtschaften.
aus FTD Financial Times Deutschland vom 04.09.2002, Seite 33

(18) Warum ein Chef ab und zu mal einen Aufseher braucht Corporate Governance tut auch in Familienfirmen Not
aus FTD Financial Times Deutschland vom 20.08.2002, Seite 29

(19) Von Mutius, Bernhard, Wertebalancierte Unternehmensführung, Harvard Business Manager, 19.07.2002, Nr. 5, S. 9
aus FTD Financial Times Deutschland vom 20.08.2002, Seite 29

(20) Erneuerungsbedarf und -möglichkeiten der Sozialen Marktwirtschaft
aus ifo Schnelldienst, Heft 16/2002, S. 3-26

(21) Der gute Wille der Profiteure Geld regiert die Welt - doch die Politik hat die Pflicht, weltweite

Regeln für faire Geschäfte durchzusetzen. Denn Wirtschaftsethik auf freiwilliger Basis funktioniert nicht
aus taz, 30.08.2002, S. 12

(22) Ethik-Edition Allianz
aus werben & verkaufen Nr. 38 vom 20.09.2002 Seite 009

(23) Unternehmensführung Trayser gründet neue Stiftung
aus Frankfurter Rundschau v. 27.09.2002, S.34, Ausgabe: R Region

(24) Neu erschienen
aus TextilWirtschaft 36 vom 05.09.2002 Seite 081

(25) Nur die Wahrheit zählt
aus Manager Magazin, 01.10.2002, Nr. 10, Seite 152

# Impressum

## Ethik im Management

### Bibliografische Information der deutschen Nationalbibliothek

Die Deutsche Nationalbibliothek verzeichnet diese Publikation in der deutschen Nationalbibliografie; detaillierte bibliografische Daten sind im Internet über http://dnb.d-nb.de abrufbar.

ISBN: 978-3-7379-0148-2

© 2015 GBI-Genios Deutsche Wirtschaftsdatenbank GmbH, Freischützstraße 96, 81927 München, www.genios.de

Alle Rechte vorbehalten. Dieses Werk ist einschließlich aller seiner Teile – z.B. Texte, Tabellen und Grafiken - urheberrechtlich geschützt. Jede Verwertung außerhalb der Grenzen des Urheberrechtsgesetzes bedarf der vorherigen Zustimmung des Verlags. Dies gilt insbesondere auch für auszugsweise Nachdrucke, fotomechanische Vervielfältigungen (Fotokopie/Mikroskopie), Übersetzungen, Auswertungen durch Datenbanken oder ähnliche Einrichtungen und die Einspeicherung und Verarbeitung in elektronischen Systemen.